Aprendiendo Español nivel 1

Actividades de vocabulario para niños

ARTHWR BASS

Digital Creative Publishing

Autor y Editor
Arthwr Bass

Colaboradora
Sandra Lozada

Diseño y maquetación
Digital Creative Publishing

Editorial
Digital Creative Publishing

Imágenes y fotografías
Digital Creative Publishing
Royalty Free Images (FFCU images)
Created by Freepik, www.freepik.com
(Créditos al respectivo autor en cada imagen)

© Arthwr Bass, 2019
digitalcreativepublishing@gmail.com
Libro dirigido a estudiantes de Español.

Tabla de contenidos

Saludos y despedidas

Ciao
Hello
Hello
Привет
Hallo
Bonjour
Hola

Lee.

Cada conversación, ya sea formal o informal, comienza con un saludo. Un saludo es algo amistoso que las personas dicen cuando conocen a alguien. Una despedida es algo que la gente dice para desear el bien cuando se van.

Mira las imágenes y lee.

Algunos saludos formales son buenos días, buenas tardes y buenas noches. Hola es un saludo informal.

Buenos días

Buenas tardes

Buenas noches

Hola

Mucho gusto

Adiós

Chao

Cuídate

Nos vemos pronto

Hasta pronto

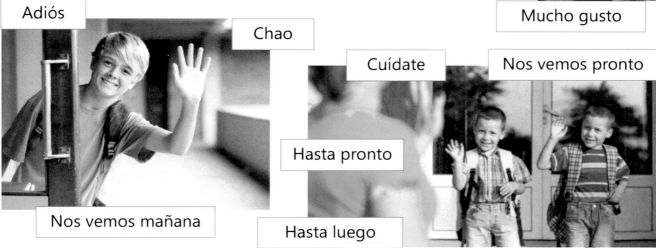

Nos vemos mañana

Hasta luego

5

Completa las letras que faltan de las palabras.

Lee y marca en el cuadro (✓) si es correcto o (✗) si no. Si es incorrecto, escríbelo abajo de la manera correcta.

M A Ñ _ N _

TA _ D E _

N O _ H E S

B _ E _ O S

H O _ A

M _ C H O

A D _ Ó S

G _ S T _

V E _ O S

L U _ G _

H A _ T _

D Í _ S

P R _ N T _

C H _ O

C U Í _ A T _

S _ L U _ O S

D E _ P E _ I D A _

Buenous día

Buenos días   ✗

Buenas tardenoches

_____

Adiós, cuídante

_____

Hola, mucho gusto

_____

Buenas noches

_____

Hola, adióc

_____

Buenas tardeus

_____

Resuelve el crucigrama y encuentra la palabra misteriosa.

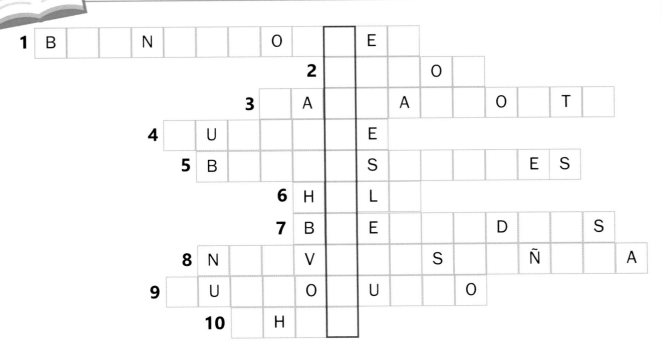

1. Saludo durante la noche.
2. Despedida más corta.
3. Despedida cuando esperas ver a alguien pronto.
4. Despedida deseando a alguien que se cuide y esté bien.
5. Saludo durante la tarde.
6. Saludo más corto.
7. Saludo durante el día, específicante la mañana.
8. Despedida a alguien que se espera ver al otro día.
9. Expresar gusto por conocer a alguien.
10. Despedida informal.

Encierra la palabra correcta que completa la frase y escribe.

Buenos ___días___

días   noches

Buenas _____

adiós   tardes

Buenas _____

noches   días

Mira las imágenes y lee.

¡Hola!
Mi nombre
es Tomás

¡Hola!
Yo soy Julián

¡Hola!
Yo soy Diana

¡Hola!
Mi nombre
es Natalia

Hola!
Mi nombre
es Sofía

¡Hola!
Mi nombre
es Felipe

Empareja las imágenes con el respectivo nombre.

Felipe

Diana

Tomás

Sofía

Julián

Natalia

Lee y escribe tu nombre y el nombre de tu mejor amigo.

¡Hola! Yo soy el estudiante nuevo.
Mi nombre es _____. ¿Cuál es tu nombre?

Mi nombre es _____.
¡Mucho gusto!

¡Mucho gusto
en conocerte!

Enumera las oraciones para organizar la conversación.

☐ Diana: Buenos días Laura. Mi nombre es Diana.

☐ Laura: ¡Seamos amigas!

☐ Diana: ¡Mucho gusto, también es mi primer día!

1 Laura: Buenos días. Es mi primer día de escuela. Mi nombre es Laura. ¿Cuál es tu nombre?

☐ Laura: Mucho gusto Diana.

Emociones

Lee.

Hola Sara. ¿Cómo estás?

Estoy triste.

¿Por qué estás triste?

Porque perdí mi muñeca favorita.

Lo siento mucho Sara.

Encierra la palabra correcta que completa la frase y escribe.

Su nombre es

_____

Sofía
Lesli
Eliana
Sara

Ella está

_____

Feliz
Triste
Emocionada
Bien

Resuelve el crucigrama mirando las imágenes de las emociones.

Feliz

Emocionado

Enojado

Triste

Tímido

Avergonzado

Juguetón

Preocupado

Sorprendido

Lee y actúa cada emoción con tus amigos.

Aburrido

Bien

Triste

Emocionado

Sorprendido

Avergonzado

Enojada

Preocupado

Desconcertada

Feliz

Enfermo

Deprimida

Juguetón

Confundido

Enamorada

En español, algunas palabras se deben decir según el género. Las emociones que terminan en la vocal "o" corresponden al género masculino, la vocal "a" al femenino.

Encuentra las emociones de la lista en la sopa de letras.

Aburrido
Bien
Avergonzado
Triste
Emocionado
Sorprendido
Desconcertado
Feliz
Enojado
Preocupado
Confundido
Enfermo
Celoso
Deprimido
Enamorado

G	S	D	T	P	T	U	J	C	A
A	A	B	U	R	R	I	D	O	V
W	D	T	R	E	I	D	E	N	E
S	E	E	E	O	S	E	S	F	R
O	P	N	M	C	T	N	C	U	G
R	R	A	O	U	E	F	O	N	O
P	I	M	C	P	W	E	N	D	N
R	M	O	I	A	C	R	C	I	Z
E	I	R	O	D	E	M	E	D	A
N	D	A	N	O	L	O	R	O	D
D	O	D	A	T	O	Y	T	P	O
I	Q	O	D	R	S	T	A	S	D
D	W	W	O	A	O	O	D	A	R
O	E	N	O	J	A	D	O	D	F
T	F	E	L	I	Z	B	I	E	N

Empareja las imágenes con la emoción correcta.

Feliz

Triste

Bien

Enojado

Aburrido

Preocupado

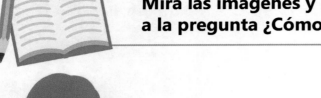

Mira las imágenes y responde a la pregunta ¿Cómo estás?

Estoy enfermo.

_____

_____

_____

_____

_____

¡Hola!
Mi nombre es Eva.
Estoy feliz.
¿Cómo estás?

Dibuja los rostros según la emoción descrita.

Estoy feliz.

Estoy bien.

Estoy triste.

Estoy preocupado.

Estoy deprimido.

Estoy enojado.

Encierra la emoción correcta.

Enojado

(Bien)

Aburrido

Preocupado

Triste

Avergonzado

Enojado

Emocionado

Feliz

Enojado

Triste

Avergonzado

Triste

Enojado

Enamorado

Asustado

Asustado

Aburrido

Feliz

Triste

Enamorado

Avergonzado

Feliz

Triste

En el salón de clases

Lee y memoriza el vocabulario del salón de clases.

Profesora

Estudiante

Pizarra

Cuaderno

Libro

Bolígrafo

Lápiz

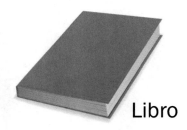

Mochila

Escritorio

Silla

Regla

Tijeras

Borrador

Diccionario

Sacapuntas

Lápices de color

Computadora

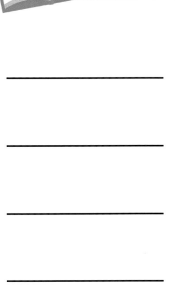
Cubo de la basura

Escribe todos los elementos del salón de clases que se ven en la imagen.

_____

_____

_____

_____

_____

Resuelve el crucigrama y encuentra la palabra misteriosa.

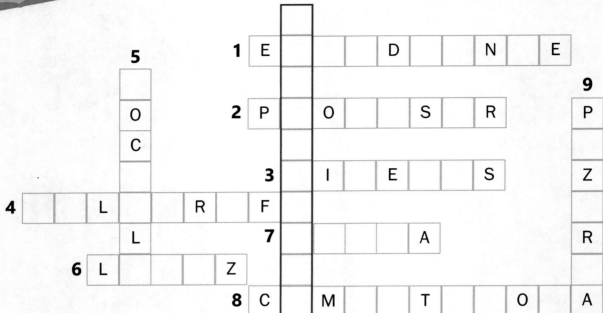

1. Joven que cursa estudios o es un aprendiz en un centro académico.
2. Docente o persona que tiene el oficio de enseñar.
3. Elemento manual que sirve para cortar.
4. Instrumento para escribir a base de tinta.
5. Bolsa para guardar los elementos de estudio.
6. Instrumento para escribir o dibujar a base de una mina de grafito.
7. Instrumento usado para medir o trazar líneas rectas.
8. Aparato electrónico para realizar procesos como almacenamiento de datos o cálculos.
9. Superficie de escritura ubicado en la pared del salón de clases.

Completa las letras que faltan de las palabras.

PR_FE_O_

E_TU_IA_TE

PI_AR_A

BO_ÍG_AF_

LÁ_IZ

M_CH_L_

ESC_IT_RI_

SI_L_

LI_R_

CU_D_R_O

REG_A

S_CA_UN_AS

DI_C_ON_RIO

TI_E_AS

BOR_A_O_

18

Escribe los elementos señalados.

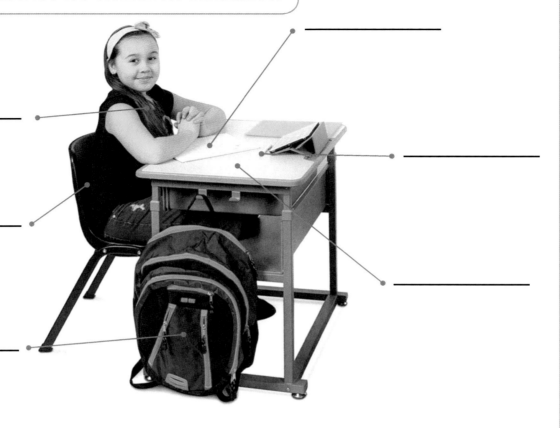

_____

_____

_____

_____

_____

_____

**Lee y marca en el cuadro (✓) si es correcto o (✗) si no.
Si es incorrecto, escríbelo abajo de la manera correcta.**

| Compoutadore | ✗ | Cube de basur | | Lápiz | |
| _Computadora_ | | _____ | | _____ | |

| Diccionnari | | Estudiante | | Escritore | |
| _____ | | _____ | | _____ | |

| Cuaderno | | Proffesoer | | Silla | |
| _____ | | _____ | | _____ | |

19

 **Lee las tarjetas y memoriza los comandos del salón de clases.**

Silencio

Levanta la mano

Siéntate

Levántate

Cierra la puerta

Haz una fila

Escribe

Lee

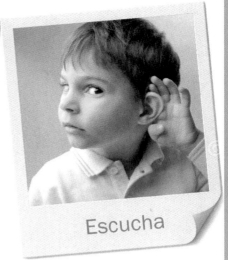

Escucha

Mira la pizarra

Abre el libro

Cierra el libro

Alto

Pinta

Comparte

Completa las letras que faltan de las palabras y frases.

Escribe todos los comandos asociados a las imágenes.

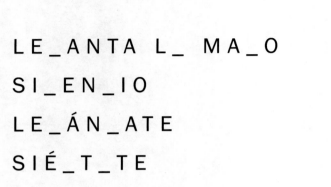

LE_ANTA L_ MA_O

SI_EN_IO

LE_ÁN_ATE

SIÉ_T_TE

HA_ U_A FIL_

CIER_A L_ PUE_TA

ESCR_BE

L_E

MI_A LA PIZ_RR_

ESCU_HA

ABR_ EL _IBRO

AL_O

CIE_RA E_ LI_RO

PIN_A

SALÓ_ DE _LASES

C_MPA_TE

ES_UDI_NTE

Síentate
_____

Levántate
_____

_____   _____

_____   _____

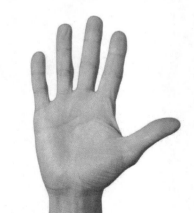

_____

_____

Encuentra los comandos del salón de clases en la sopa de letras.

S	D	L	E	V	A	N	T	A	L	A	M	A	N	O
S	I	E	N	T	A	T	E	T	Y	J	K	B	I	O
I	Q	V	R	T	F	G	H	J	K	L	Ñ	R	P	L
L	H	A	Z	U	N	A	F	I	L	A	D	E	P	E
E	A	N	A	F	G	H	D	S	F	L	S	E	O	E
N	C	T	V	P	I	N	T	A	S	T	S	L	R	T
C	X	A	Z	N	M	N	B	V	D	O	X	L	D	S
I	G	T	C	O	M	P	A	R	T	E	C	I	G	F
O	V	E	S	C	R	I	B	E	S	D	V	B	A	Z
N	B	R	T	Y	U	I	O	J	H	G	A	R	S	D
C	I	E	R	R	A	E	L	L	I	B	R	O	R	T
M	I	R	A	L	A	P	I	Z	A	R	R	A	G	H
H	G	F	J	K	M	E	S	C	U	C	H	A	G	I
L	C	I	E	R	R	A	L	A	P	U	E	R	T	A

Escribe el comando que el profesor diría según la imagen.

Silencio

23

Colores

Lee y pinta para descubrir los colores secundarios.

Los colores se pueden dividir en primarios, secundarios y terciarios. Los colores primarios son los padres de todas las generaciones futuras de colores porque cuando se mezclan producen los colores secundarios. Los colores primarios son pigmentos sin mezclar que no pueden crearse mezclando otros colores.

COLORES PRIMARIOS

Amarillo   Azul   Rojo

COLORES SECUNDARIOS

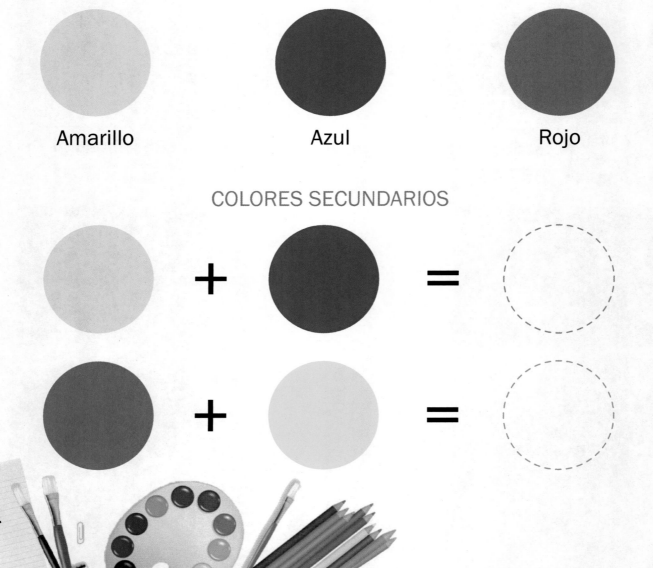

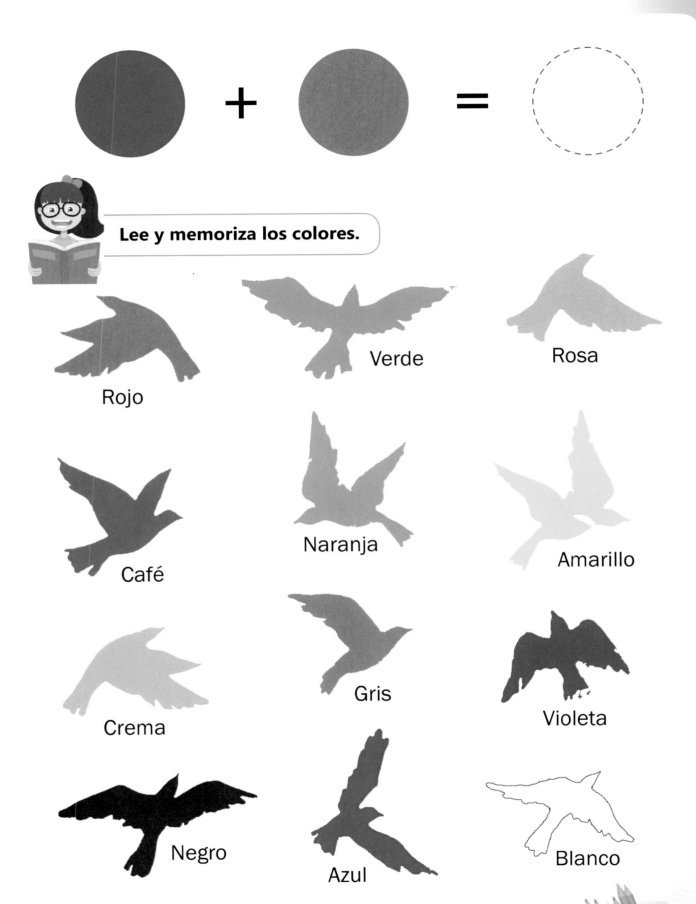

Lee y memoriza los colores.

Rojo

Verde

Rosa

Café

Naranja

Amarillo

Crema

Gris

Violeta

Negro

Azul

Blanco

25

Lee y asocia los colores con los objetos.

ROJO

AZUL

AMARILLO

ROSA

VERDE

CAFÉ

NARANJA

Pinta las estrellas con los colores indicados.

 Rojo  Azul   Verde

Naranja  Café   Crema

 Gris  Rosa  Negro

Encuentra los colores en la sopa de letras.

Naranja
Amarillo
Rojo
Verde
Rosa
Café
Crema
Gris
Violeta
Negro
Azul
Blanco

A	S	B	L	A	N	C	O	V	Y
N	D	F	G	V	J	K	L	E	H
A	M	A	R	I	L	L	O	R	N
R	O	J	O	O	S	L	I	D	M
A	A	W	S	L	K	G	K	E	L
N	X	C	A	E	C	R	E	M	A
J	B	V	N	T	A	I	H	J	Z
A	H	G	D	A	F	S	U	K	U
U	I	O	S	D	E	L	H	L	L
S	N	E	G	R	O	P	R	T	U

Completa las letras que faltan de los colores.

NAR _ NJ _

RO _ O

A _ UL

VE _ DE

G _ IS

RO _ A

VI _ LET _

AM _ RI _ LO

C _ FÉ

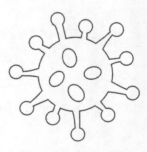

CR _ MA

NE _ RO

BLA _ CO

28

Pinta el dibujo con los colores indicados.

1. Rojo
2. Amarillo
3. Verde
4. Café
5. Negro
6. Crema
7. Naranja
8. Blanco
9. Rosa

Frutas y vegetales

 Lee y memoriza las frutas y vegetales.

Manzana

Banana

Mandarina

Naranja

Limón

Uva

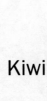

Kiwi

Coco

Fresa

Pera

Melocotón

Cereza

Frambuesa

Mora

Tomate

Sandía

Piña

Brócoli

Lechuga

Pepino

Zanahoria

Espinaca

Completa las letras que faltan de las palabras.

N A _ A N _ A

F R _ S _

B _ N A _ A

B _ Ó C O _ I

C E _ E Z _

P E _ A

M A _ Z A _ A

Z A N _ H O R _ A

T O _ A T _

U _ A

P _ Ñ A

Escribe la fruta o vegetal y el color según la imagen.

La ___manzana___ es ___roja___   La _____ es _____   El _____ es _____

La _____ es _____   La _____ es _____   La _____ es _____

El _____ es _____   El _____ es _____   El _____ es _____

33

Encuentra las frutas y vegetales en la sopa de letras.

A	S	D	F	M	A	N	Z	A	N	A	J	B	A	N	A	N	A	L
M	A	K	F	G	H	J	K	I	U	Y	T	L	J	K	I	A	U	Ñ
A	A	I	H	J	K	L	P	E	R	A	U	E	U	I	P	R	J	J
N	E	W	R	T	S	A	N	D	I	A	L	C	P	P	I	A	D	L
D	W	I	C	E	R	V	B	N	M	N	B	H	E	E	Ñ	N	F	I
A	F	G	E	S	P	I	N	A	C	A	H	U	J	P	A	J	H	M
R	W	F	R	V	B	R	O	C	O	L	I	G	N	I	M	A	O	O
I	W	E	E	T	G	H	Y	U	J	K	I	A	X	N	V	B	G	N
N	Q	D	Z	Q	A	Z	T	O	M	A	T	E	A	O	P	Ñ	L	O
A	F	R	A	M	B	U	E	S	A	R	F	G	T	H	C	O	C	O
V	B	N	M	O	D	F	G	H	Z	A	N	A	H	O	R	I	A	R
G	H	J	K	R	I	U	Y	T	M	E	L	O	C	O	T	O	N	E
G	U	V	A	A	E	F	R	E	S	A	V	B	N	M	D	F	G	D

Empareja la fruta con el color.

BANANA   FRESA

MANZANA   PIÑA

PERA   SANDÍA

LIMÓN   UVA

MANDARINA   KIWI

NARANJA   CEREZA

**Lee y marca en el cuadro (✓) si es correcto o (✗) si no.
Si es incorrecto, escríbelo abajo de la manera correcta.**

Sanndía [✗] Banamena [ ] Mora [ ]
Sandía _____ _____ _____

Piña [ ] Manderine [ ] Cereeza [ ]
_____ _____ _____ _____

Frambuessa [ ] Uva [ ] Naranja [ ]
_____ _____ _____ _____

Pinta las frutas y vegetales a tu gusto.

Números

 **Lee.**

1 Uno

2 Dos

3 Tres

4 Cuatro

5 Cinco

6 Seis

7 Siete

8 Ocho

9 Nueve

10 Diez

11 Once

12 Doce

13 Trece

14 Catorce

15 Quince

16 Dieciséis

17 Diecisiete

18 Dieciocho

19 Diecinueve

20 Veinte

Contar del 20 al 29 se hace usando veinti para el primer dígito y el número correspondiente para el segundo digito. Las decenas siguientes son treinta (30), cuarenta (40), cincuenta (50), sesenta (60), setenta (70), ochenta (80) y noventa (90). El segundo dígito será el número correspondiente acompañado con y.

Cuenta las frutas o vegetales y escribe el numero.

_____Tres_____

_____

_____

_____

_____

_____

_____

_____

_____

Encierra el número correcto.

Cinco
Seis
Uno
Cuatro

Uno
Cinco
Seis
(Tres)

Siete
Uno
Nueve
Cuatro

Seis
Cuatro
Uno
Dos

Uno
Seis
Dos
Tres

Uno
Nueve
Dos
Seis

Nueve
Dos
Uno
Siete

Dos
Tres
Seis
Cuatro

Cuenta los peces y escribe el número.

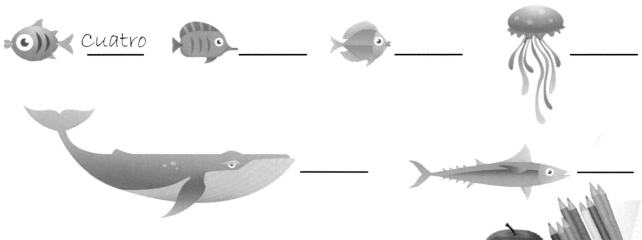

Cuatro _____ _____ _____

_____ _____

Cuenta y escribe.

Seis
_____

_____

_____

_____

_____

_____

CUATRO   CINCO    CUATRO

TRES   DOS

Formas

Mira las formas y lee.

Cuadrado

Triángulo

Círculo

Rectángulo

Estrella

Corazón

Rombo

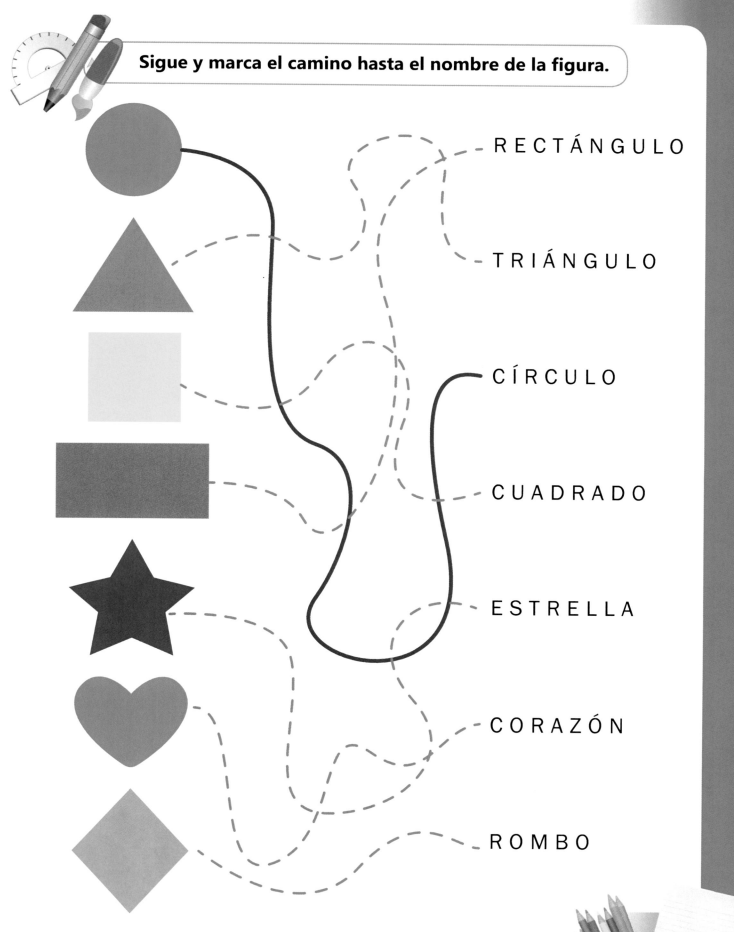

RECTÁNGULO

TRIÁNGULO

CÍRCULO

CUADRADO

ESTRELLA

CORAZÓN

ROMBO

Resuelve el crucigrama y encuentra la palabra misteriosa.

```
        1 [ ][O][ ][O]              6 [ ]
                                       [ ]
        2 [ ][ ][C][ ][L][O]           [O]
                                       [A]
3 [ ][U][D][ ][ ][O][ ]                [ ]
                                       [ ]
4 [T][ ][ ][N][ ][ ][O]                [ ]
5 [ ][S][ ][R][ ][L]
```

1 ◇   2 ◯   3 ▢   4 △   5 ☆   6 ♡

Dibuja las formas indicadas.

Corazón   Triángulo   Cuadrado

Estrella   Rectángulo   Círculo

44

Dibuja las formas indicadas.

Cuatro triángulos	Seis rectángulos	Dos corazones
Tres estrellas	Siete círculos	Cinco cuadrados

Empareja los objetos con la forma indicada.

Encuentra y encierra las formas en la imagen.

1. Tres círculos.
2. Un triángulo.
3. Cinco rectángulos.
4. Tres cuadrados.

Animales de la granja

Mira las imágenes y lee.

Ganso

Pollito

Gallina

Pavo

Gallo

Perro

Conejo

Buey

Gato

Cordero

Cabra

Cerdo

Vaca

Oveja

Caballo

Pato

Mira las imágenes y repite el sonido de cada animal.

Escribe el nombre de cada animal.

1. _____Cabra_____

2. _____

3. _____

4. _____

5. _____

6. _____

7. _____

Encuentra los animales de la granja en la sopa de letras.

Ganso
Pollito
Gallina
Gallo
Pavo
Buey
Gato
Perro
Conejo
Cordero
Cabra
Cerdo
Vaca
Oveja
Caballo
Pato

A	S	D	F	G	G	A	N	S	O	Q	W	E	R
O	V	E	J	A	G	C	H	J	K	L	N	G	B
Z	G	S	D	F	P	O	L	L	I	T	O	A	U
G	A	L	L	O	E	R	N	C	M	P	E	T	E
G	L	V	B	N	R	D	H	A	J	A	H	O	Y
A	L	V	B	N	R	E	M	B	Y	T	J	K	L
A	I	G	H	J	O	R	Y	R	G	O	E	R	V
X	N	S	D	F	O	O	F	A	D	S	D	F	A
P	A	V	O	D	C	A	B	A	L	L	O	D	C
G	H	V	B	N	M	C	O	R	D	E	R	O	A
F	G	H	C	O	N	E	J	O	H	J	K	U	I
T	Y	U	C	E	R	D	O	E	R	T	Y	R	E

Empareja la imagen con el nombre del animal.

Cerdo

Conejo

Vaca

Caballo

Pollito

Cordero

Completa las letras que faltan de los palabras.

PO _ LI _ O

CE _ D _

GA _ LI _ A

GA _ SO

VA _ A

GA _ L _

GA _ O

P _ R _ O

C _ BA _ LO

OV _ JA

Fuentes

DK. English for Everyone: Level 1: Beginner, Course Book: A Complete Self-Study Program. DK; Reprint edition. June 28, 2016.

Rafielle E. Usher. Yo Puedo! Speak English Now: ESL Libro de trabajo para aprender Ingles bilingue (Volume 1). O.M.I. International. January 27, 2014.

William C. Harvey M.S. Ingles para Latinos, Level 1. Barron's Educational Series; 3 edition. August 1, 2011.

Matthew Preston. Preston Lee's Beginner English Lesson 1 - 20 For Spanish Speakers. CreateSpace Independent Publishing Platform; Large Print edition. June 1, 2017.

J Lubandi. ENGLISH – SPANISH Picture Dictionary (INGLÉS - ESPAÑOL Diccionario de Imágenes). October 15, 2016.

Jonathan Crichton. English Made Easy Volume One: Learning English through Pictures. Tuttle Publishing. February 5, 2013.

Germaine Choe. English for Kids: 10 First Reader Books with Online Audio, Set 1 by Language Together. Language Together; 1st edition. 2016.

DK. Merriam-Webster Children's Dictionary: Features 3,000 Photographs and Illustrations. DK Children. May 19, 2015.

Miryung Pitts. ESL Worksheets and Activities for Kids. ECQ Publishing; 1 edition. October 15, 2014.

Roger Priddy. First 100 Words Bilingual: Primeras 100 palabras - Spanish-English Bilingual (Spanish Edition). Priddy Books; Bilingual edition. February 19, 2013.

Carol Vorderman. Help Your Kids with English. DK Publishing. 2013.

Made in the USA
Las Vegas, NV
01 July 2024

91730648R00036